AF221326

Impressum
Verlag: BABADADA GmbH, Nedderfeld 112 , 22529 Hamburg
Geschäftsführer / Verlagsleitung: Harald Hof
Druck: Books on Demand GmbH, In de Tarpen 42, 22848 Norderstedt

Imprint
Publisher: BABADADA GmbH, Nedderfeld 112 , 22529 Hamburg, Germany
Managing Director / Publishing direction: Harald Hof
Print: Books on Demand GmbH, In de Tarpen 42, 22848 Norderstedt

colegio
Szkoła

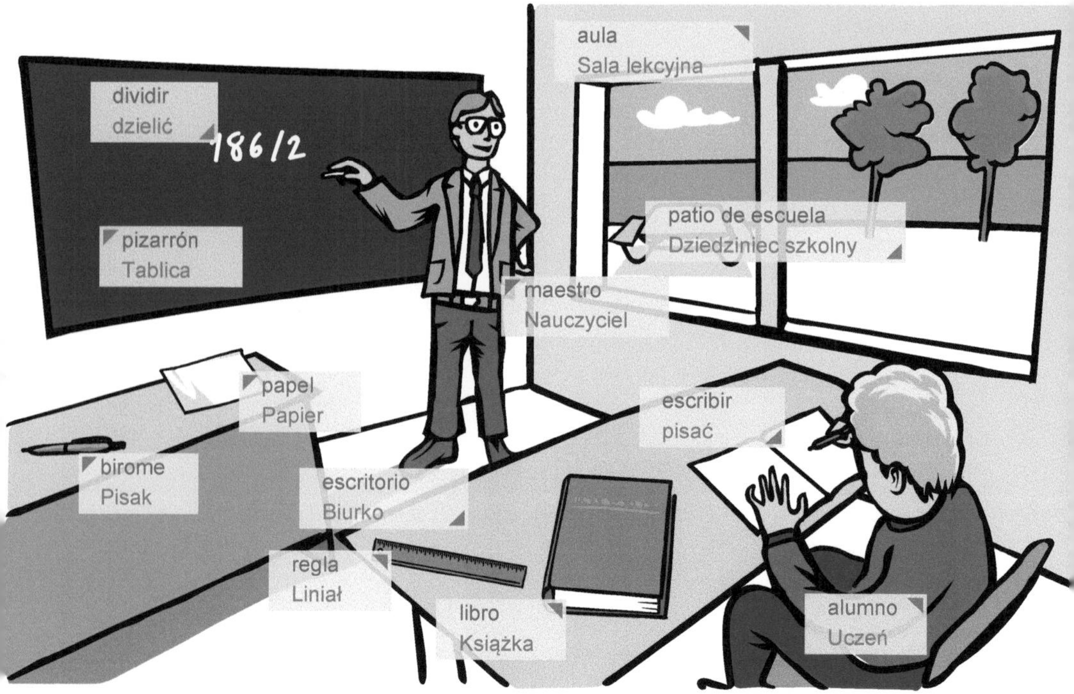
aula
Sala lekcyjna
dividir
dzielić
186/2
pizarrón
Tablica
patio de escuela
Dziedziniec szkolny
maestro
Nauczyciel
papel
Papier
escribir
pisać
birome
Pisak
escritorio
Biurko
regla
Liniał
libro
Książka
alumno
Uczeń

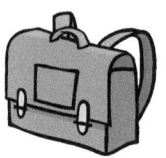

mochila

Plecak szkolny

caja de lápices

Piórnik

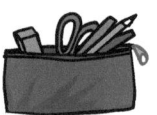

lápiz

Ołówek

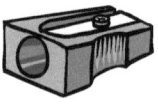

sacapuntas

Temperówka

goma (de borrar)

Gumka do mazania

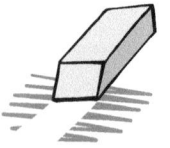

bloc de dibujo

Blok rysunkowy

dibujo

Rysunek

pincel

Pędzel

caja de pinturas

Pudełko z akwarelami

tijera

Nożyce

pegamento

Klej

cuaderno de ejercicios

Książka do ćwiczenia

tarea

Zadanie domowe

número

Liczba

sumar

dodawać

restar

odejmować

multiplicar

mnożyć

calcular

liczyć

letra

Litera

abecedario

Alfabet

palabra

Słowo

texto

Tekst

leer

czytać

tiza

Kreda

lección

Godzina

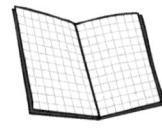

cuaderno de clase

Dziennik lekcyjny

examen

Egzamin

certificado

Świadectwo

uniforme escolar

Mundurek szkolny

educación

Wykształcenie

enciclopedia

Leksykon

universidad

Uniwersytet

microscopio

Mikroskop

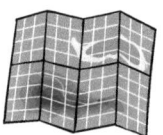

mapa

Mapa

tacho (de basura)

Kosz na odpadki

viaje
Podróż

hotel
Hotel
Grand
hostel
Schronisko
ROOMS
casa de cambio
Kantor wymiany walut
valija
Walizka
auto
Auto

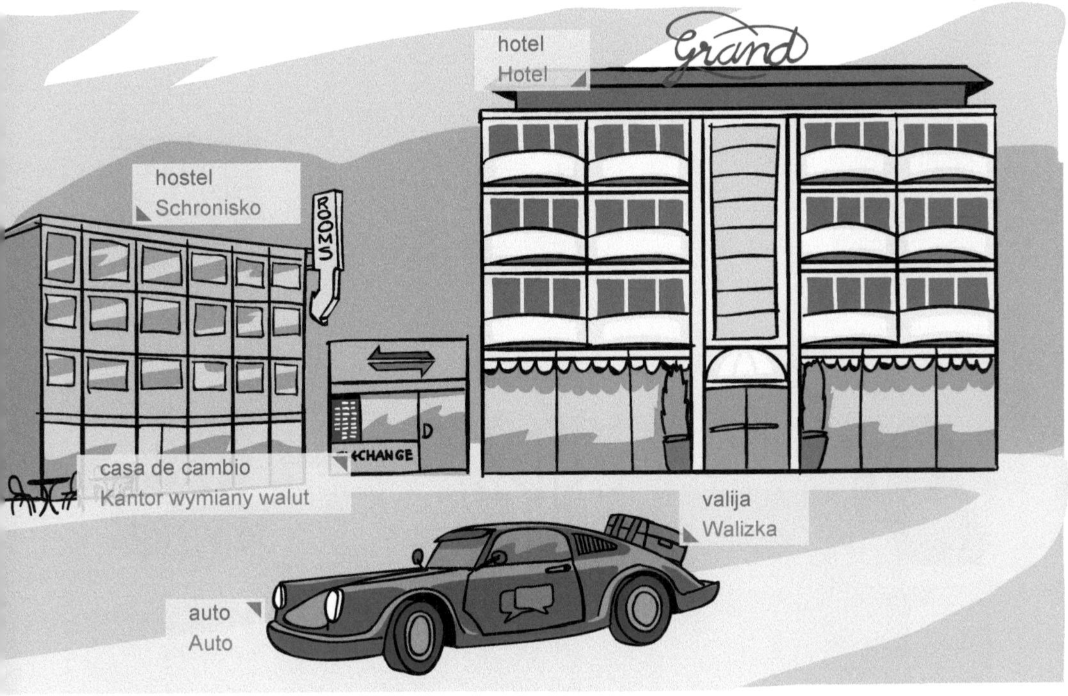

idioma

Język

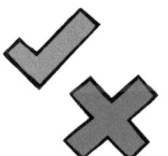

sí / no

tak / nie

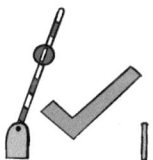

Está bien

OK

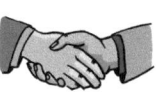

hola

Halo

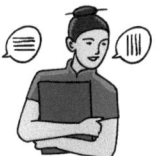

traductor

Tłumacz

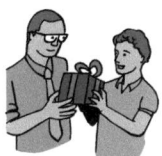

Gracias

Dziękuję

¿cuánto cuesta...?

Ile kosztuje ...?

No entiendo

Nie rozumiem

problema

Problem

¡Buenas tardes!

Dobry wieczór!

¡Buenos días!

Dzień dobry!

¡Buenas noches!

Dobranoc!

adiós

Do widzenia

dirección

Kierunek

equipaje

Bagaż

bolso

Torba

mochila

Plecak

invitado

Gość

habitación

Pokój

bolsa de dormir

Śpiwór

carpa

Namiot

información turística

Informacja turystyczna

playa

Plaża

tarjeta de crédito

Karta kredytowa

desayuno

Śniadanie

almuerzo

Obiad

cena

Kolacja

pasaje

Bilet

ascensor

Winda

sello

Znaczek na list

frontera

Granica

aduana

Cło

embajada

Ambasada

visa

Wiza

pasaporte

Paszport

transporte

Transport

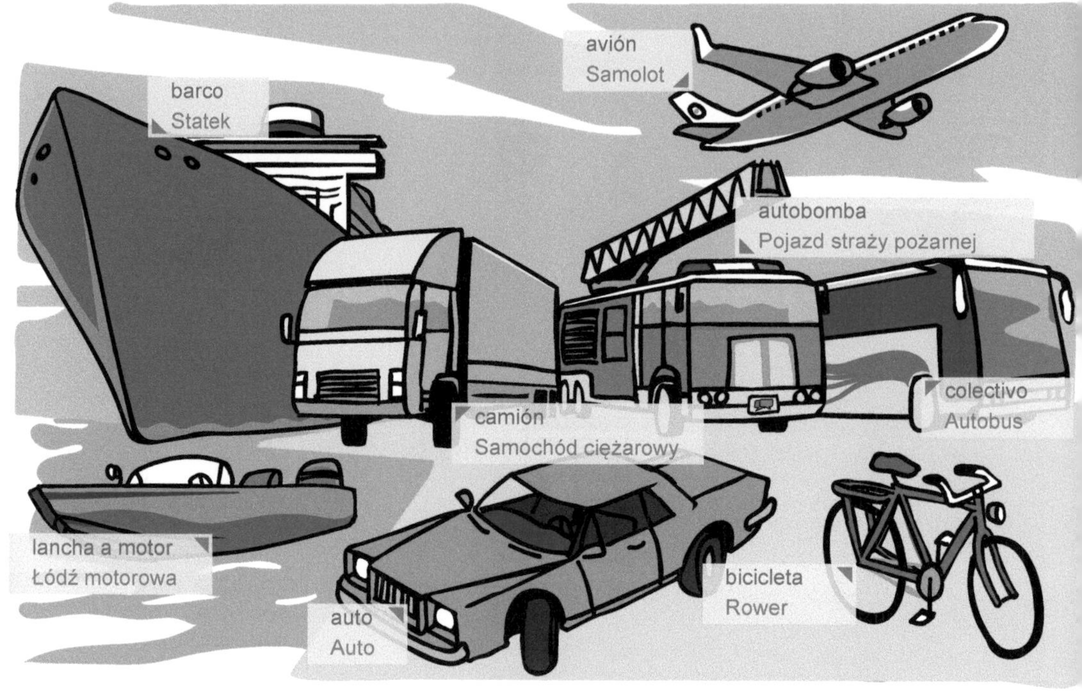

avión
Samolot
barco
Statek
autobomba
Pojazd straży pożarnej
colectivo
Autobus
camión
Samochód ciężarowy
lancha a motor
Łódź motorowa
bicicleta
Rower
auto
Auto

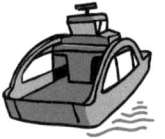

ferry

Prom

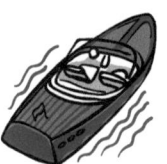

bote

Łódź

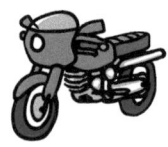

moto

Motocykl

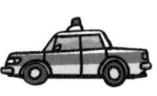

patrullero

Radiowóz policyjny

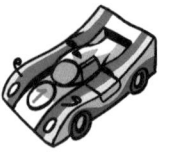

auto de carreras

Samochód wyścigowy

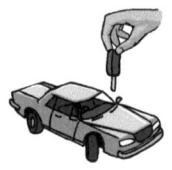

auto de alquiler

Samochód wypożyczony

alquiler de autos

Wspólne przejazdy
samochodem

grúa

Samochód pomocy
drogowej

camión de basura

Śmieciarka

motor

Silnik

nafta

Benzyna

estación de servicio

Stacja benzynowa

señal de tránsito

Znak drogowy

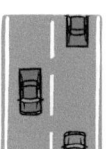

tránsito

Ruch

embotellamiento

Korek

estacionamiento

Parking

estación de tren

Dworzec

vías

Szyny

tren

Pociąg

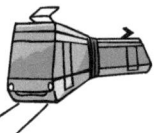

tranvía

Tramwaj

vagón

Wagon

helicóptero
Helikopter

aeropuerto
Lotnisko

torre
Wieża

pasajero
Pasażer

contenedor
Kontener

caja de cartón
Karton

carretilla
Taczka

canasta
Kosz

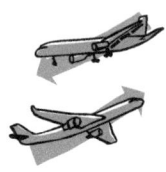

despegar / aterrizar
startować / lądować

ciudad
Miasto

pueblo
Wieś

centro de ciudad
Centrum miasta

casa
Dom

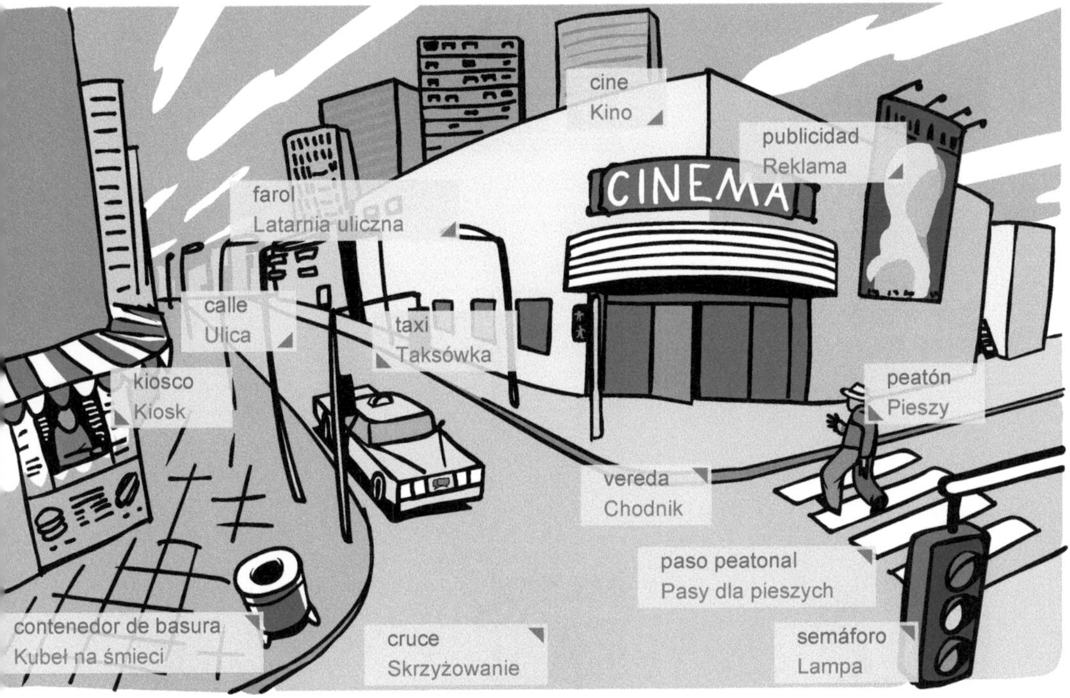

cine
Kino
CINEMA
publicidad
Reklama
farol
Latarnia uliczna
calle
Ulica
taxi
Taksówka
kiosco
Kiosk
peatón
Pieszy
vereda
Chodnik
paso peatonal
Pasy dla pieszych
contenedor de basura
Kubeł na śmieci
cruce
Skrzyżowanie
semáforo
Lampa

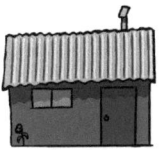

cabaña

Chata

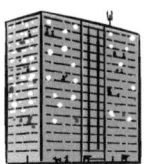

departamento

Mieszkanie

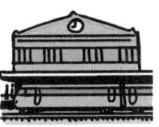

estación de tren

Dworzec

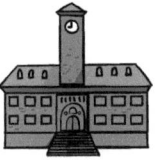

municipalidad

Ratusz

MUSEUM

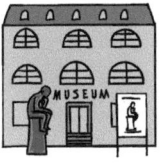

museo

Muzeum

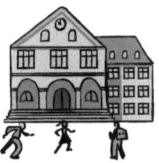

colegio

Szkoła

universidad

Uniwersytet

banco

Bank

hospital

Szpital

hotel

Hotel

farmacia

Apteka

oficina

Biuro

librería

Księgarnia

negocio

Sklep

florería

Kwiaciarnia

supermercado

Supermarket

mercado

Rynek

grandes tiendas

Dom towarowy

pescadería

Sklep z rybami

centro comercial

Centrum handlowe

puerto

Port

parque

Park

banco

Ławka

puente

Most

escaleras

Schody

subte

Metro

túnel

Tunel

parada del colectivo

Przystanek autobusowy

bar

Bar

restaurante

Restauracja

buzón

Skrzynka na listy

letrero

Tabliczka z nazwą ulicy

parquímetro

Parkometr

zoológico

Zoo

pileta

Łaźnia

mezquita

Meczet

granja

Gospodarstwo chłopskie

contaminación

Zanieczyszczenie środowiska

cementerio

Cmentarz

iglesia

Kościół

juegos infantiles

Plac zabaw

templo

Świątynia

paisaje
Krajobraz

hoja
Liść

poste indicador
Drogowskaz

camino
Droga

pradera
Łąka

piedra
Kamień

excursionista
Wędrowiec

árbol
Drzewo

río
Rzeka

hierba
Trawa

flor
Kwiat

valle

Dolina

montaña

Góra

lago

Jezioro

bosque

Las

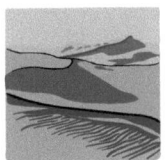

desierto

Pustynia

volcán

Wulkan

castillo

Zamek

arco iris

Tęcza

champiñón

Grzyb

palmera

Palma

mosquito

Komar

mosca

Mucha

hormiga

Mrówka

abeja

Pszczoła

araña

Pająk

escarabajo

Chrząszcz

rana

Żaba

ardilla

Wiewiórka

erizo

Jeż

liebre

Zając

lechuza

Sowa

pájaro

Ptak

cisne

Łabędź

jabalí

Dzik

ciervo

Jeleń

alce

Łoś

presa

Tama

aerogenerador

Wiatrak

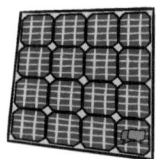

panel solar

Moduł solarny

clima

Klimat

restaurante
Restauracja

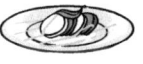

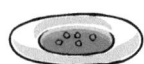

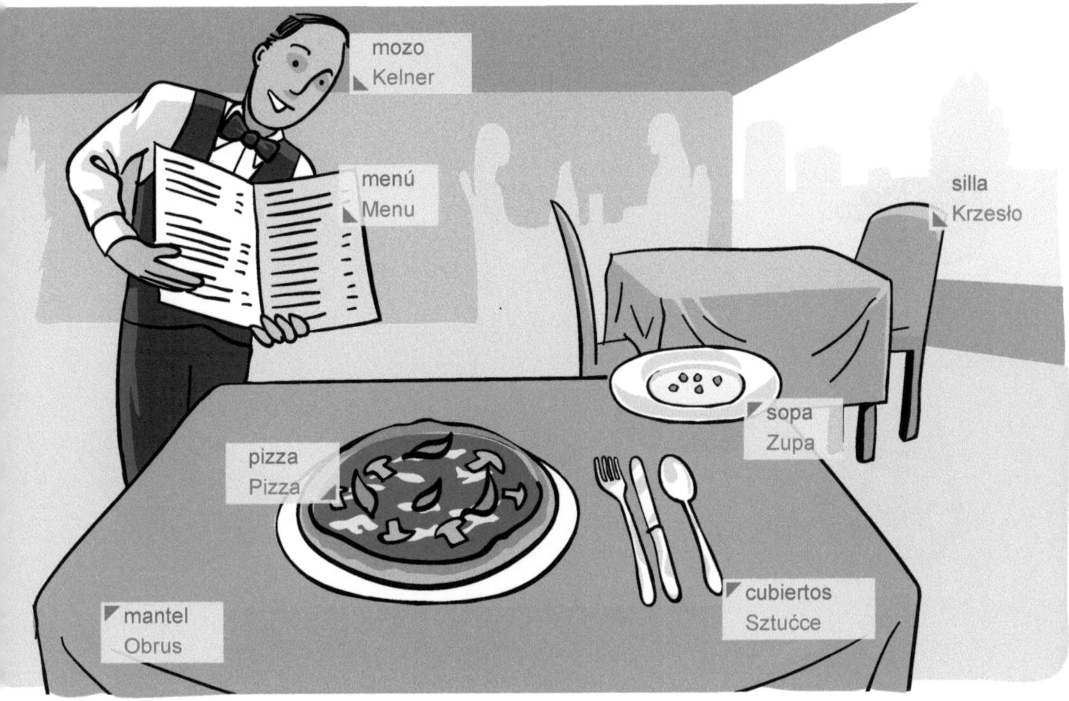
mozo
Kelner
menú
Menu
silla
Krzesło
sopa
Zupa
pizza
Pizza
cubiertos
Sztućce
mantel
Obrus

entrada

Przystawka

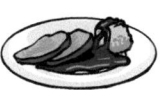

plato principal

Danie główne

postre

Deser

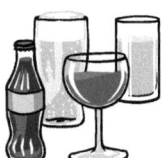

bebidas

Napoje

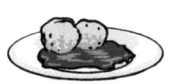

comida

Jedzenie

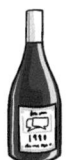

botella

Butelka

comida rápida

Fastfood

comida callejera

Streetfood

tetera

Dzbanek na herbatę

azucarera

Cukierniczka

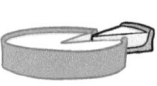

porción

Porcja

cafetera expreso

Zaparzarka do espresso

sillita alta

Krzesło dla dziecka

cuenta

Rachunek

bandeja

Taca

cuchillo

Nóż

tenedor

Widelec

cuchara

Łyżka

cucharita

Łyżeczka

servilleta

Serwetka

vaso

Szklanka

plato

Talerz

plato hondo

Talerz do zupy

plato

Podstawek pod filiżankę

salsa

Sos

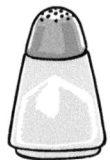

salero

Solniczka

molinillo de pimienta

Młynek do pieprzu

vinagre

Ocet

aceite

Olej

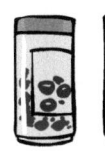

especias

Przyprawy

kétchup

Keczup

mostaza

Musztarda

mayonesa

Majonez

supermercado
Supermarket

oferta especial
Oferta
FOR
cliente
Klient
lácteos
Produkty mleczne
fruta
Owoce
changuito
Wózek sklepowy

BUTCHERS

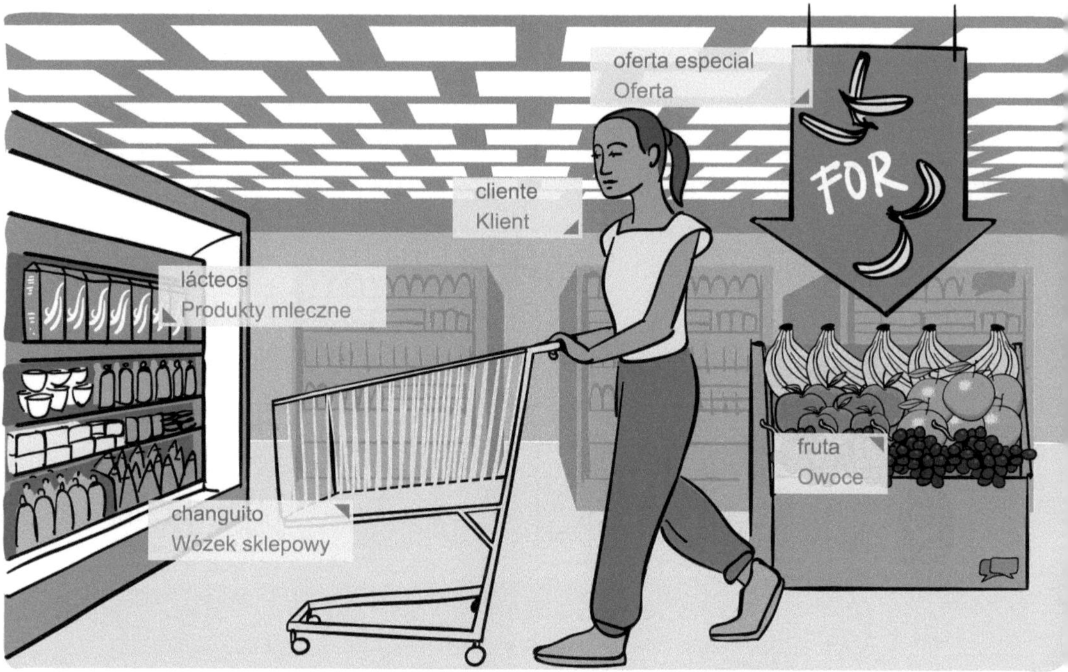

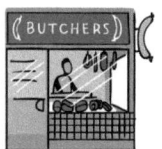

carnicería

Rzeźnia

BAKERY

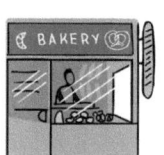

panadería

Piekarnia

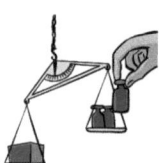

pesar

ważyć

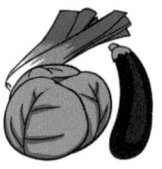

verduras

Warzywa

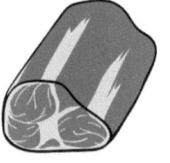

carne

Mięso

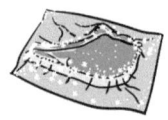

alimentos congelados

Mrożonki

fiambres

Wędliny

alimentos enlatados

Konserwy

detergente en polvo

Proszek m do prania

golosinas

Słodycze

electrodomésticos

Artykuły użytku domowego

productos de limpieza

Środek czyszczący

vendedora

Sprzedawczyni

caja

Kasa

cajero

Kasjer

lista de compras

Lista zakupów

horario de atención

Godziny otwarcia

billetera

Portfel

tarjeta de crédito

Karta kredytowa

cartera

Torba

bolsa de plástico

Torebka plastikowa

supermercado - Supermarket

agua

Woda

jugo

Sok

leche

Mleko

bebida cola

Cola

vino

Wino

cerveza

Piwo

alcohol

Alkohol

cacao

Kakao

té

Herbata

café

Kawa

café expreso

Espresso

cappuccino

Cappuccino

banana

Banan

manzana

Jabłko

naranja

Pomarańcza

melón

Arbuz

limón

Cytryna

zanahoria

Marchew

ajo

Czosnek

bambú

Bambus

cebolla

Cebula

champiñón

Grzyb

nueces

Orzechy

fideos

Makaron

tallarines

Spaghetti

arroz

Ryż

ensalada

Sałatka

papas fritas

Frytki

papas fritas

Ziemniaki pieczone

pizza

Pizza

hamburguesa

Hamburger

sándwich

Kanapka

churrasco

Sznycel

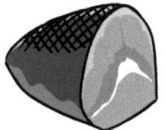

jamón

Szynka

salame

Salami

salchicha

Kiełbasa

pollo

Kura

asado

Pieczeń

pescado

Ryba

copos de avena

Płatki owsiane

muesli

Musli

copos de maíz

Płatki kukurydziane

harina

Mąka

medialuna

Croissant

pancito

Bułka

pan

Chleb

tostada

Toast

galletitas

Ciastka

manteca

Masło

cuajada

Twarożek

torta

Ciasto

huevo

Jajko

huevo frito

Jajko sadzone

queso

Ser

helado
Lody

azúcar
Cukier

miel
Miód

mermelada
Marmolada

pasta de chocolate
Krem nugatowy

curry
Curry

comida - Jedzenie

granja
Gospodarstwo chłopskie

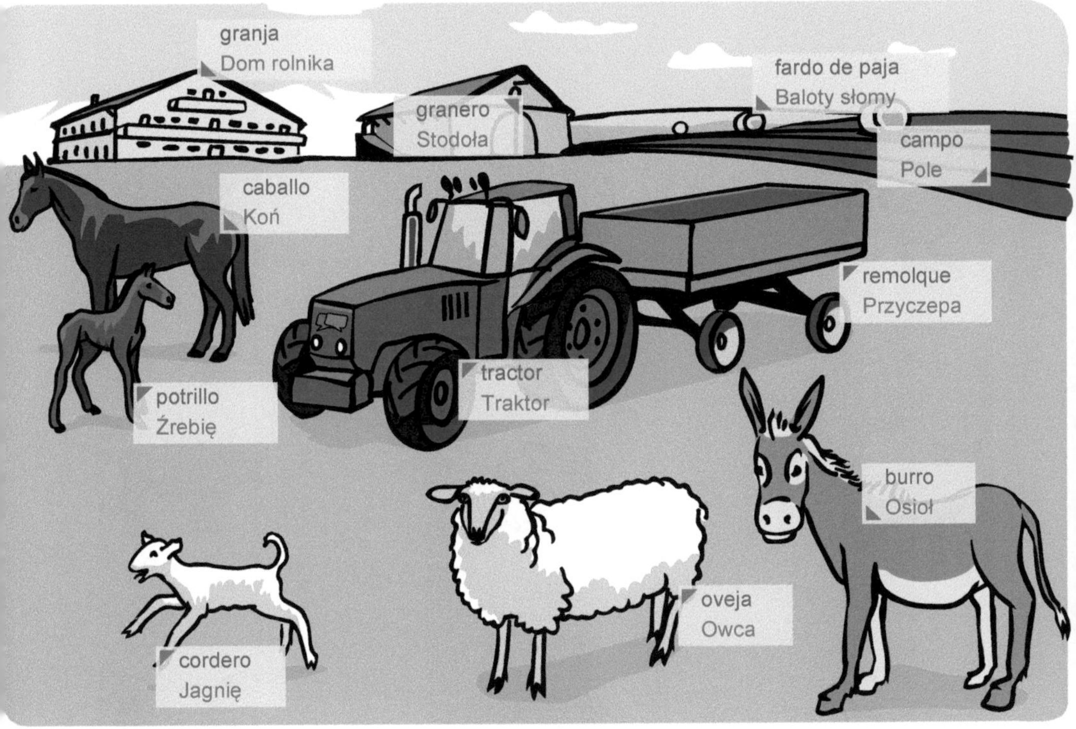
granja
Dom rolnika
fardo de paja
Baloty słomy
granero
Stodoła
campo
Pole
caballo
Koń
remolque
Przyczepa
tractor
Traktor
potrillo
Źrebię
burro
Osioł
oveja
Owca
cordero
Jagnię

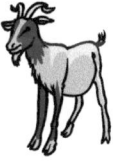

cabra

Koza

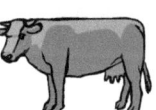

vaca

Krowa

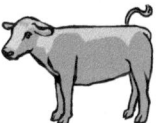

ternero

Cielę

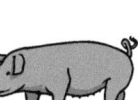

cerdo

Świnia

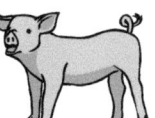

lechón

Prosię

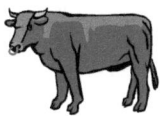

toro

Byk

ganso

Gęś

pato

Kaczka

pollo

Kurczątko

gallina

Kura

gallo

Kogut

rata

Szczur

gato

Kot

ratón

Mysz

buey

Osioł

perro

Pies

cucha

Buda dla psa

manguera

Wąż ogrodowy

regadera

Konewka

guadaña

Kosa

arado

Pług

hoz
Sierp

azada
Graca

horquilla
Widły

hacha
Siekiera

carretilla
Taczka

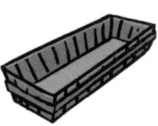

abrevadero
Koryto

lechera
Kanka na mleko

bolsa
Worek

reja
Płot

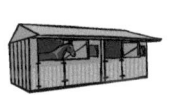

establo
Stajnia

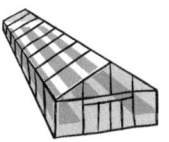

invernadero
Szklarnia

suelo
Ziemia

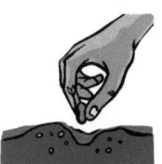

semilla
Nasiona

fertilizador
Nawóz

cosechadora
Kombajn zbożowy

cosechar

zbierać

cosecha

Żniwa

batatas

Podchrzyn

trigo

Pszenica

soja

Soja

papa

Ziemniak

maíz

Kukurydza

semilla de colza

Rzepak

árbol frutal

Drzewo owocowe

mandioca

Maniok

cereales

Zboże

casa
Dom

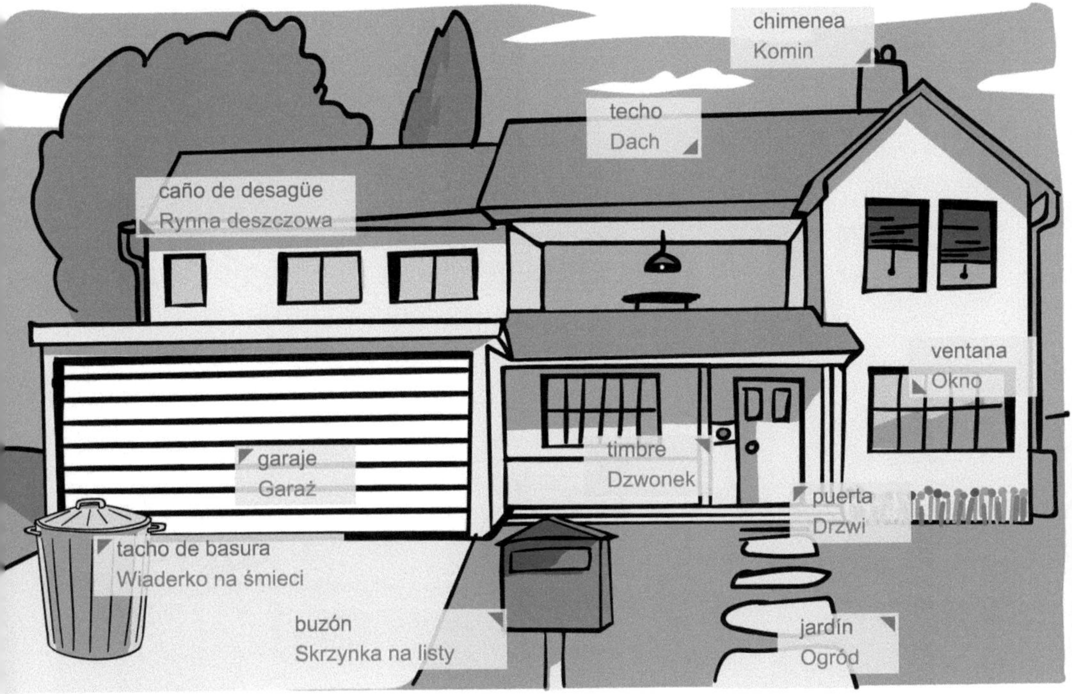
chimenea
Komin
techo
Dach
caño de desagüe
Rynna deszczowa
ventana
Okno
garaje
Garaż
timbre
Dzwonek
puerta
Drzwi
tacho de basura
Wiaderko na śmieci
buzón
Skrzynka na listy
jardín
Ogród

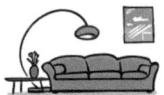

living

Pokój dzienny

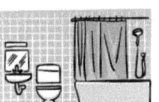

baño

Łazienka

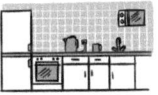

cocina

Kuchnia

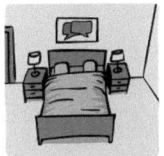

dormitorio

Sypialnia

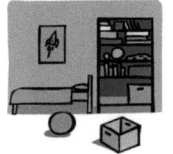

cuarto de los chicos

Pokój dziecięcy

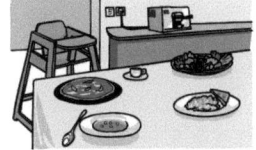

comedor

Jadalnia

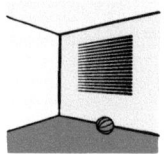

piso

Ziemia

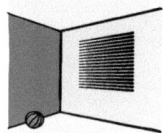

pared

Ściana

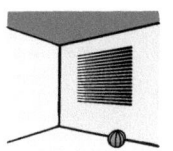

cielorraso

Koc

sótano

Piwnica

sauna

Sauna

balcón

Balkon

terraza

Taras

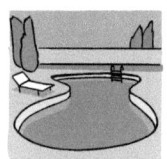

pileta

Basen

cortadora de pasto

Kosiarka do trawy

sábana

Poszwa

acolchado

Kołdra

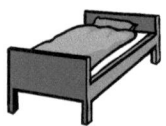

cama

Łóżko

escoba

Miotła

balde

Wiadro

interruptor

Włącznik

living
Pokój dzienny

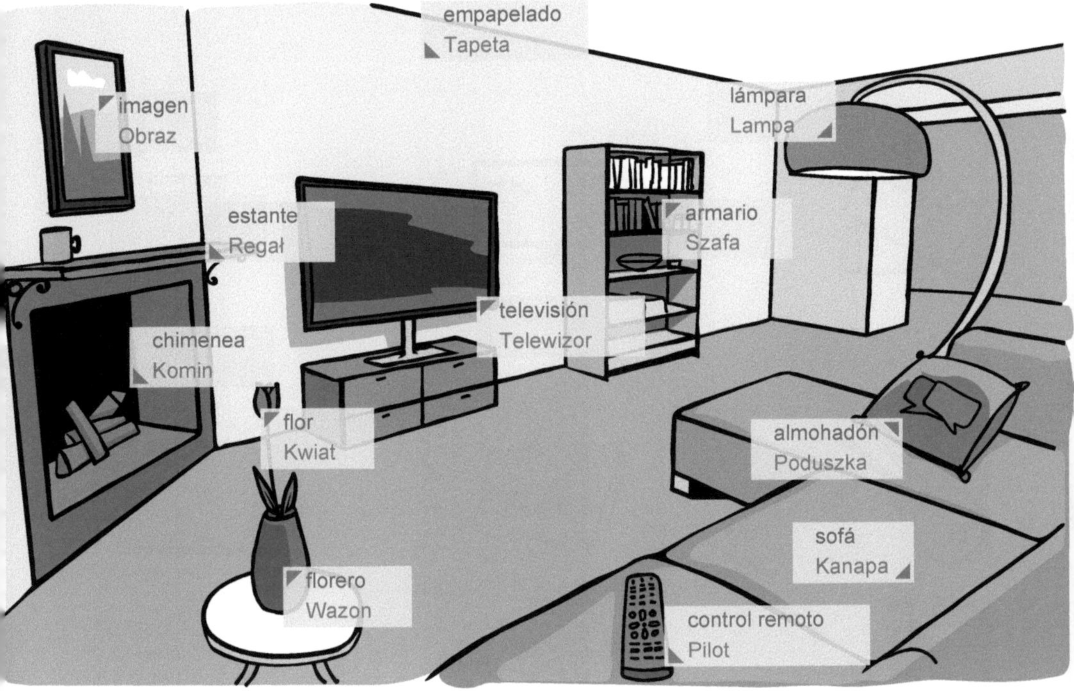

empapelado
Tapeta
imagen
Obraz
lámpara
Lampa
estante
Regał
armario
Szafa
televisión
Telewizor
chimenea
Komin
flor
Kwiat
almohadón
Poduszka
sofá
Kanapa
florero
Wazon
control remoto
Pilot

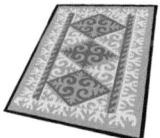

alfombra

Dywan

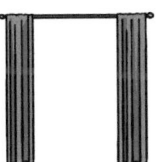

cortina

Zasłona

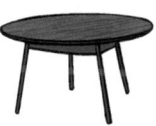

mesa

Stół

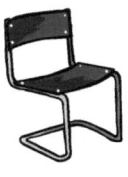

silla

Krzesło

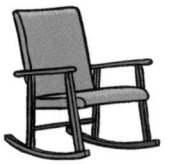

mecedora

Bujak

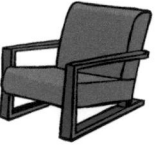

sillón

Fotel

libro
Książka

frazada
Sufit

decoración
Dekoracja

leña
Drewno kominkowe

película
Film

equipo de música
Instalacja stereo

llave
Klucz

diario
Gazeta

pintura
Malunek

póster
Plakat

radio
Radio

cuaderno
Notatnik

aspiradora
Odkurzacz

cactus
Kaktus

vela
Świeczka

cocina
Kuchnia

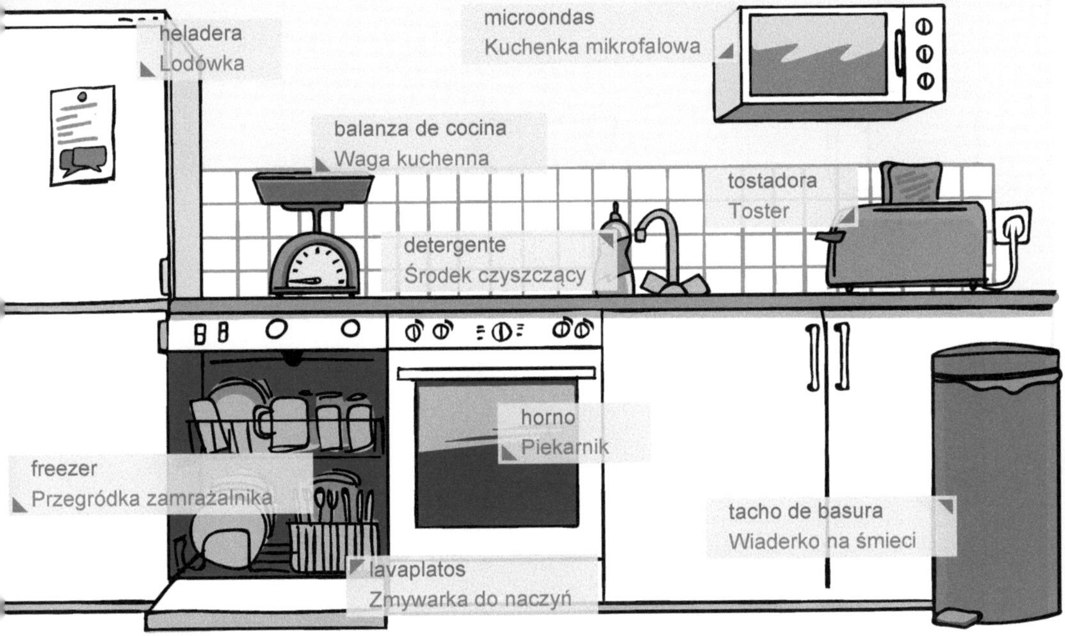
heladera
Lodówka
microondas
Kuchenka mikrofalowa
balanza de cocina
Waga kuchenna
tostadora
Toster
detergente
Środek czyszczący
horno
Piekarnik
freezer
Przegródka zamrażalnika
tacho de basura
Wiaderko na śmieci
lavaplatos
Zmywarka do naczyń

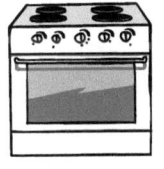

cocina
Kuchenka

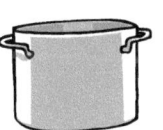

olla
Garnek

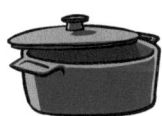

olla de hierro fundido
Kocioł żeliwny

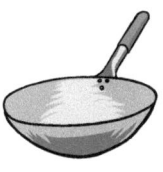

wok
Wok / Kadai

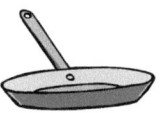

sartén
Patelnia

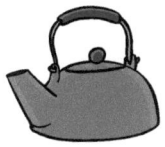

pava
Czajnik

vaporera

Parowar

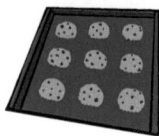

bandeja de horno

Blacha do pieczenia

vajilla

Naczynia kuchenne

taza

Kubek

bol

Miska

palitos

Pałeczki

cucharón

Nabierka

estpátula

Łopatka do smażenia

batidora

Trzepaczka do śmietany

colador

Cedzak

colador

Sitko

rallador

Tarka

mortero

Moździerz

parrilla

Grillowanie

fogata

Palenisko

tabla de picar
....
Deska

palo de amasar
....
Wałek do ciasta

sacacorchos
....
Korkociąg

lata
....
Puszka

abrelatas
....
Otwieracz do puszek

manopla
....
Ściereczka do trzymania
garnka

pileta
....
Umywalka

cepillo
....
Szczotka

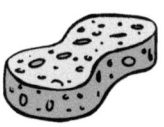

esponja
....
Gąbka

batidora
....
Mikser

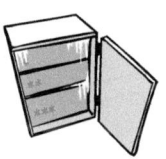

congelador
....
Zamrażarka

mamadera
....
Butelka dla niemowlęcia

canilla
....
Kran

baño

Łazienka

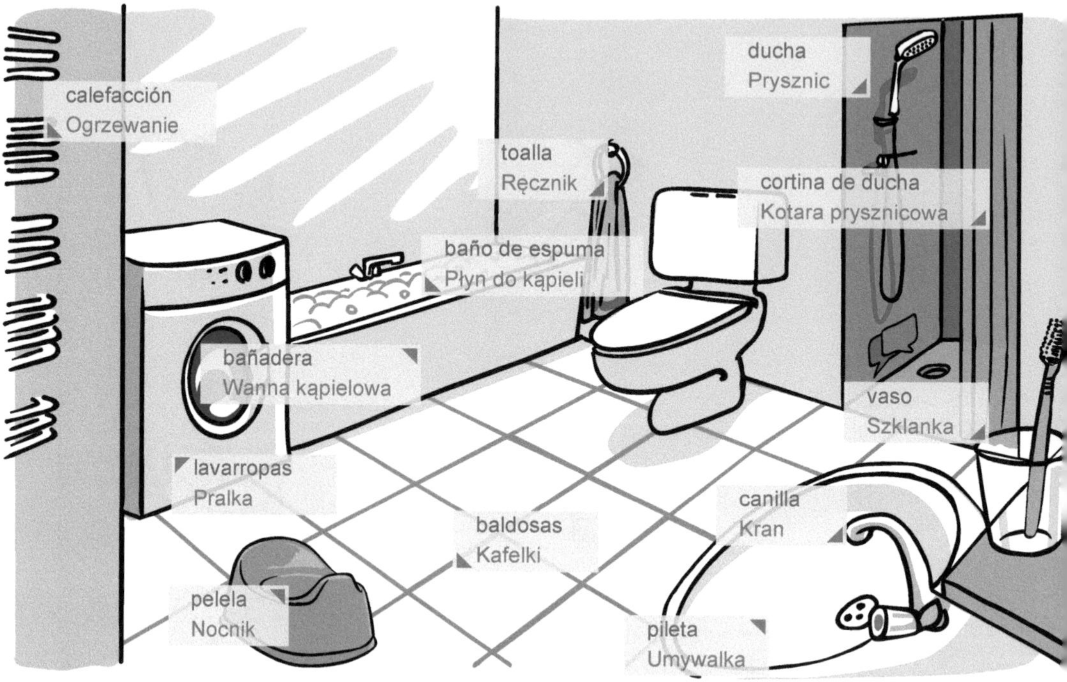

calefacción
Ogrzewanie
toalla
Ręcznik
ducha
Prysznic
cortina de ducha
Kotara prysznicowa
baño de espuma
Płyn do kąpieli
bañadera
Wanna kąpielowa
vaso
Szklanka
lavarropas
Pralka
canilla
Kran
baldosas
Kafelki
pelela
Nocnik
pileta
Umywalka

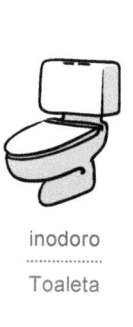

inodoro
....
Toaleta

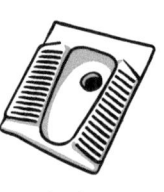

letrina
....
Toaleta kuczna

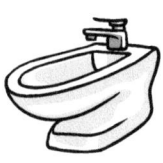

bidé
....
Bidet

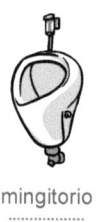

mingitorio
....
Pisuar

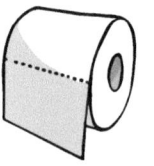

papel higiénico
....
Papier toaletowy

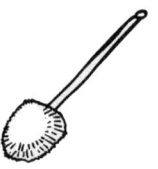

cepillo para el inodoro
....
Szczotka toaletowa

cepillo de dientes

Szczoteczka do zębów

dentífrico

Pasta do zębów

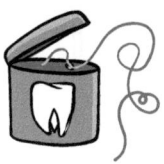

hilo dental

Nitki do czyszczenia zębów

lavar

myć

ducha de mano

Głowica prysznicowa

ducha higiénica

Płyn kąpielowy do higieny intymnej

palangana

Miska do mycia

cepillo para espalda

Szczotka kąpielowa

jabón

Mydło

gel de ducha

Żel prysznicowy

shampoo

Szampon

toallita

Rękawica kąpielowa

desagüe

Odpływ

crema

Krem

desodorante

Dezodorant

espejo

Lustro

espejito

Lustro kosmetyczne

maquinita de afeitar

Golarka

espuma de afeitar

Pianka do golenia

aftershave

Woda po goleniu

peine

Grzebień

cepillo

Szczotka

secador de pelo

Suszarka do włosów

spray

Spray do włosów

maquillaje

Makijaż

lápiz de labios

Pomadka

esmalte para uñas

Lakier do paznokci

algodón

Wata

tijera para uñas

Nożyczki do paznokci

perfume

Perfum

portacosméticos

Kosmetyczka

banqueta

Taboret

balanza

Waga

bata

Szlafrok kąpielowy

guantes de goma

Rękawice gumowe

tampón

Tampon

toallita femenina

Podpaska damska

baño químico

Toaleta chemiczna

cuarto de los chicos

Pokój dziecięcy

despertador
Budzik
peluche
Pluszowa przytulanka
coche de juguete
Samochodzik
sonajero
Grzechotka
casa de muñecas
Domek dla lalek
regalo
Prezent

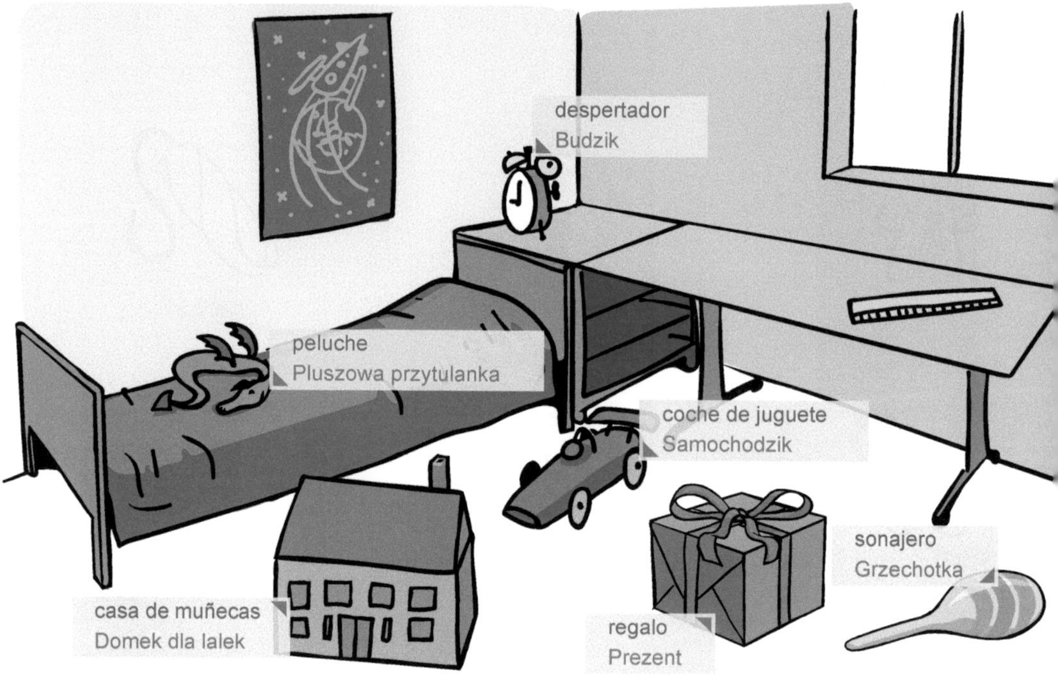

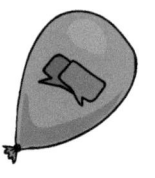

globo

Balon

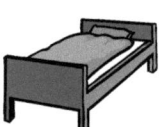

cama

Łóżko

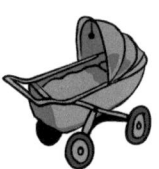

cochecito

Wózek dziecięcy

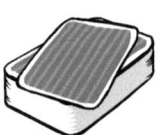

cartas

Gra w karty

rompecabezas

Puzzle

SUPER
MEGA

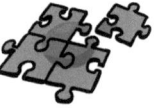

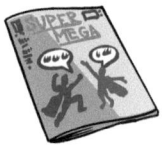

historieta

Komiks

piezas de lego

Klocki lego

ladrillos de juguete

Klocki

figura de acción

Action figura

enterito (de bebé)

Śpioszek dziecięcy

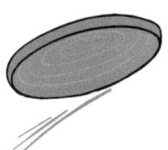

frisbee

Frisbee

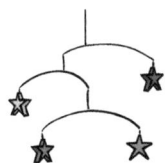

móvil para bebés

Zabawki ruchome

juego de mesa

Gra planszowa

dados

Kości

tren eléctrico

Kolejka elektryczna

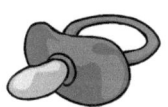

chupete

Smoczek

fiesta

Przyjęcie

libro de cuentos ilustrado

Książka z ilustracjami

pelota

Piłka

muñeca

Lalka

jugar

bawić się

arenero

Piaskownica

hamaca

Huśtawka

juguetes

Zabawki

consola de videojuegos

Konsola do gier

triciclo

Rowerek trójkołowy

osito de peluche

Pluszowy miś

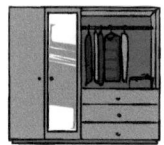

armario

Szafa ubraniowa

ropa

Ubiór

medias

Skarpety

medias panty

Pończochy

calzas

Rajstopy

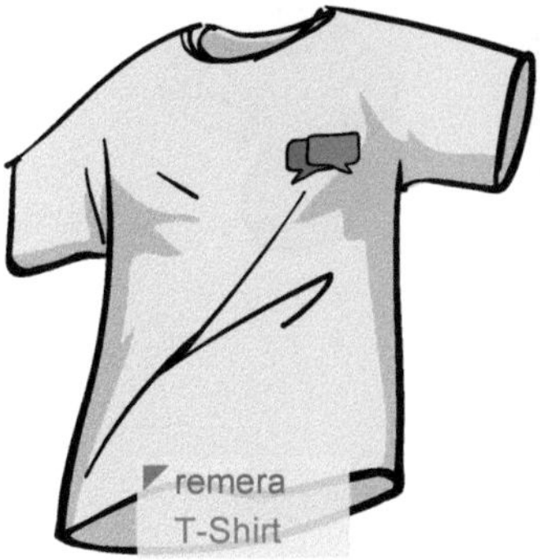

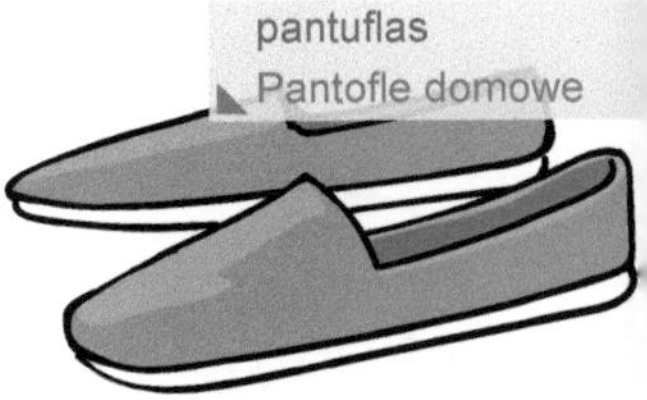

bufanda
Szal

cinturón
Pasek

paraguas
Parasol

remera
T-Shirt

botas
Kozaki

pantuflas
Pantofle domowe

zapatillas
Obuwie sportowe

sandalias

Sandały

zapatos

Buty

botas de goma

Kalosze

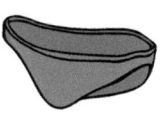

ropa interior

Majtki

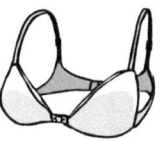

corpiño

Biustonosz

chaleco

Podkoszulek

body

Body

pantalones

Spodnie

jeans

Dżins

pollera

Spódnica

blusa

Bluzka

camisa

Koszula

pulóver

Pulower

buzo

Bluza sportowa

blazer

Marynarka

campera

Kurtka

tapado

Płaszcz

piloto

Płaszcz przeciwdeszczowy

traje

Kostium

vestido

Sukienka

vestido de novia

Suknia ślubna

traje

Garnitur męski

camisón

Koszula nocna

pijama

Piżama

sari

Sari

pañuelo para cabeza

Chusta na głowę

turbante

Turban

burka

Burka

caftán

Kaftan

abaya

Abaya

traje de baño

Strój kąpielowy

short de baño

Kąpielówki

shorts

Krótkie spodnie

jogging

Dres sportowy

delantal

Fartuch

guantes

Rękawiczki

botón

Guzik

anteojos

Okulary

pulsera

Bransoletka

collar

Łańcuszek

anillo

Pierścionek

aro

Kolczyk

gorra

Czapka

percha

Wieszak

sombrero

Kapelusz

corbata

Krawat

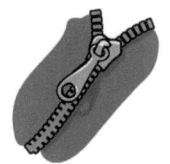

cierre

Zamek błyskawiczny

casco

Kask

tiradores

Szelki

uniforme escolar

Mundurek szkolny

uniforme

Mundur

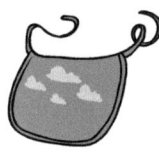

babero

Śliniaczek

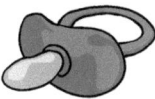

chupete

Smoczek

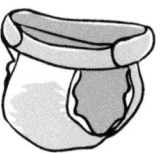

pañal

Pieluszka

oficina
Biuro

servidor
Serwer
archivero
Szafa na akta
impresora
Drukarka
papel
Papier
monitor
Monitor
mouse
Mysz
escritorio
Biurko
carpeta
Segregator
teclado
Klawiatura
silla
Krzesło
tacho (de basura)
Kosz na odpadki
computadora
Komputer

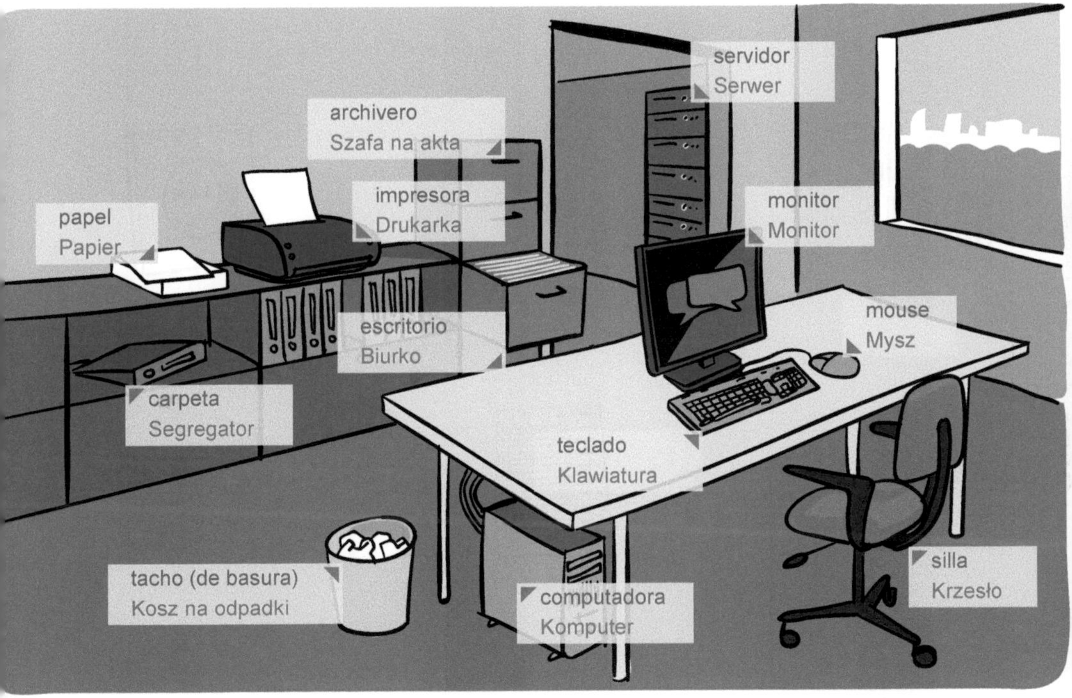

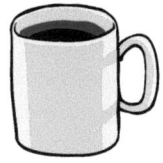

taza de café

Filiżanka do kawy

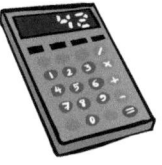

calculadora

Kalkulator

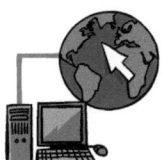

internet

Internet

laptop

Laptop

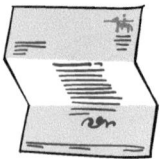

carta

List

mensaje

Wiadomość

celular

Komórka

red

Sieć

fotocopiadora

Kopiarka

software

Oprogramowanie

teléfono

Telefon

tomacorriente

Gniazdko

fax

Faks

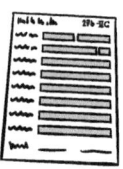

formulario

Formularz

documento

Dokument

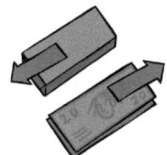

comprar

kupić

pagar

płacić

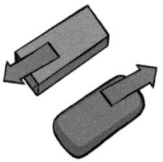

hacer negocios

postępować

dinero

Pieniądze

 USD

dólar

Dolar

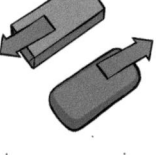 EUR

euro

Euro

 JPY

yen

Jen

 RUB

rublo

Rubel

 CHF

franco suizo

Frank

 CNY

yuan

Juan Renminbi

 INR

rupia

Rupia

cajero automático

Bankomat

casa de cambio

Kantor wymiany walut

oro

Złoto

plata

Srebro

petróleo

Olej

energía

Energia

precio

Cena

contrato

Umowa

impuesto

Podatek

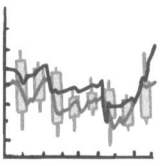

acción

Akcja

trabajar

pracować

empleado

Pracownik umysłowy

empleador

Pracodawca

fábrica

Fabryka

negocio

Sklep

ocupaciones
Zawody

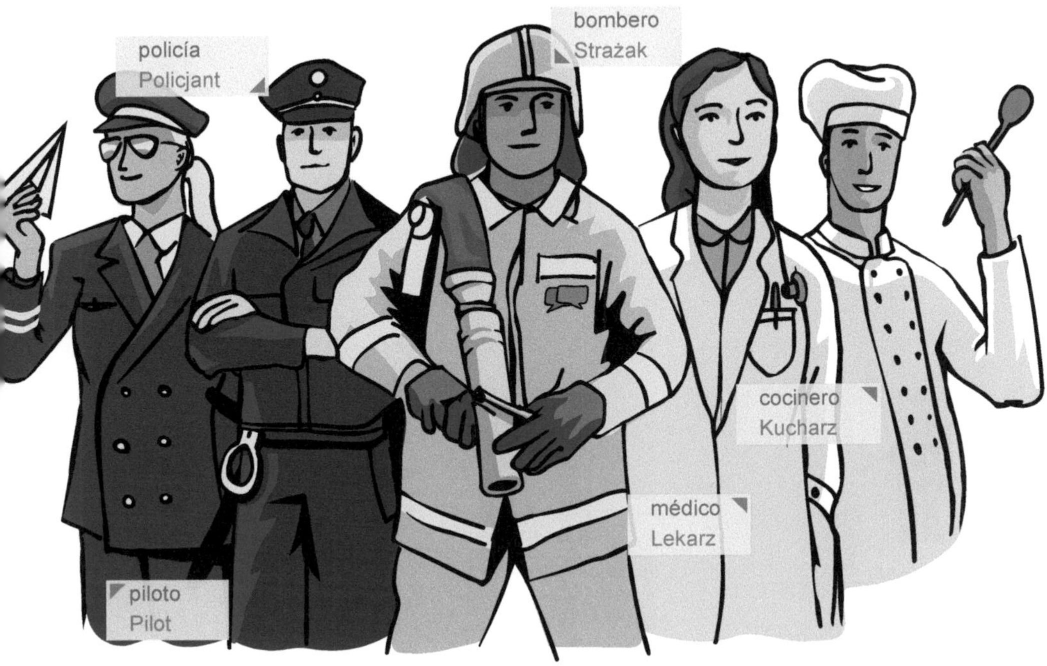
policía
Policjant
bombero
Strażak
cocinero
Kucharz
médico
Lekarz
piloto
Pilot

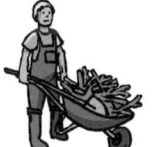

jardinero

Ogrodnik

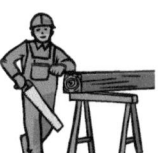

carpintero

Stolarz

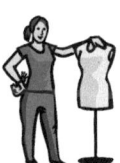

modista

Krawcowa

juez

Sędzia

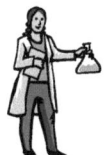

farmacéutico

Chemik

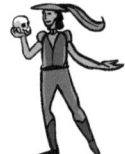

actor

Aktor

colectivero

Kierowca autobusu

taxista

Taksówkarz

pescador

Fischer

mucama

Sprzątaczka

techista

Dekarz

mozo

Kelner

cazador

Myśliwy

pintor

Malarz

panadero

Piekarz

electricista

Elektryk

albañil

Robotnik budowlany

ingeniero

Inżynier

carnicero

Rzeźnik

plomero

Instalator

cartero

Listonosz

soldado

Żołnierz

arquitecto

Architekt

cajero

Kasjer

florista

Florysta

peluquero

Fryzjer

cobrador

Konduktor

mecánico

Mechanik

capitán

Kapitan

dentista

Dentysta

científico

Naukowiec

rabino

Rabin

imán

Imam

monje

Mnich

sacerdote

Proboszcz

herramientas
Narzędzia

martillo
Młotek
tenaza
Szczypce
destornillador
Wkrętak
llave
Klucz do śrub
linterna
Latarka

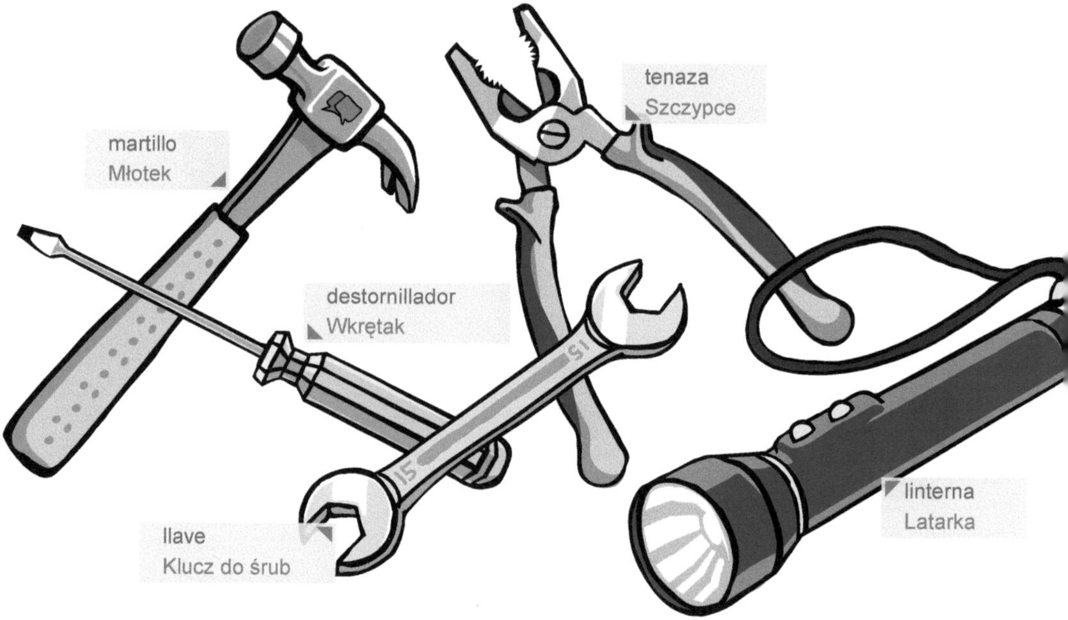

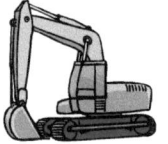

excavadora

Koparka

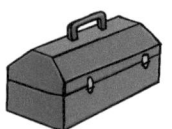

caja de herramientas

Skrzynka narzędziowa

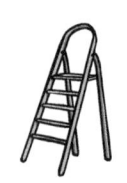

escalera portátil

Drabina

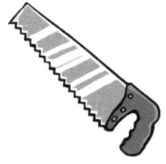

sierra

Piła

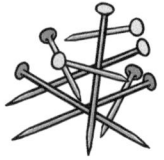

clavos

Gwoździe

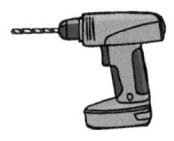

taladro

Wiertło

arreglar

naprawić

pala de jardín

Łopatka

¡Qué bronca!

Cholera!

pala de plástico

Szufelka

tacho de pintura

Puszka z farbą

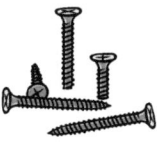

tornillos

Śruby

instrumentos musicales
Instrumenty muzyczne

parlante
Głośnik

batería
Perkusja

contrabajo
Kontrabas

trompeta
Trąbka

guitarra
Gitara

piano

Pianino

violín

Skrzypce

bajo

Bas

timbales

Kotły

tambor

Bęben

teclado

Keyboard

saxofón

Saksofon

flauta

Flet

micrófono

Mikrofon

zoológico

Zoo

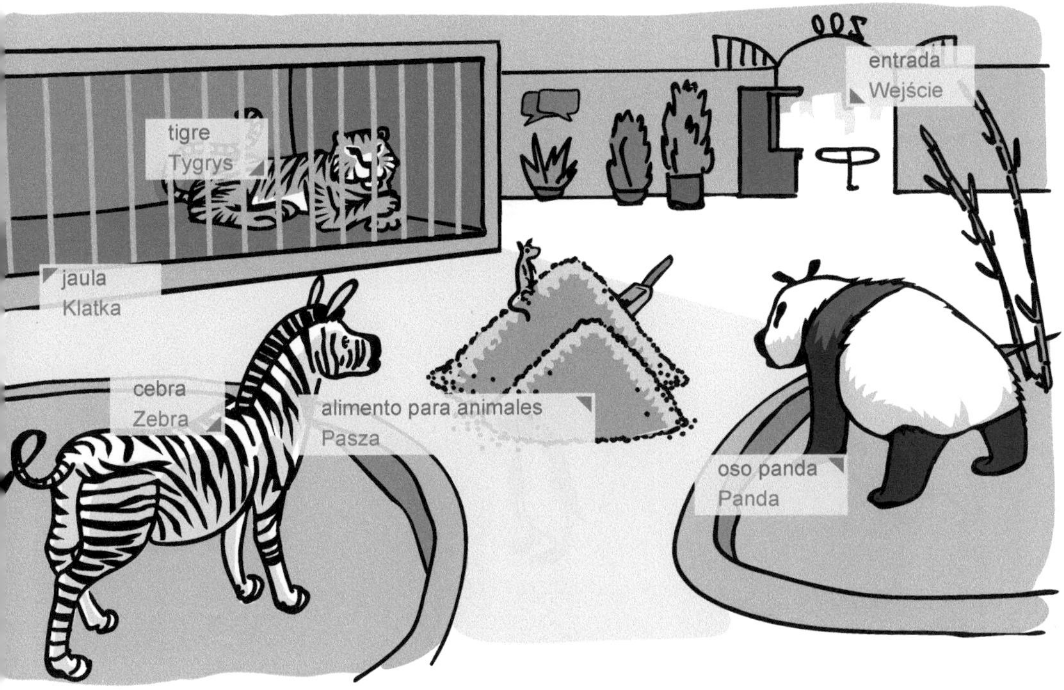
entrada
Wejście
tigre
Tygrys
jaula
Klatka
cebra
Zebra
alimento para animales
Pasza
oso panda
Panda

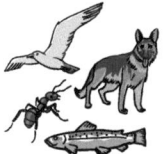

animales

Zwierzęta

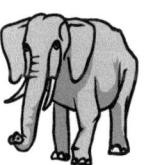

elefante

Słoń

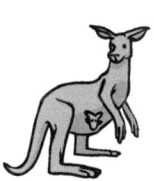

canguro

Kangur

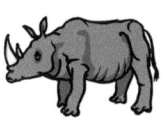

rinoceronte

Nosorożec

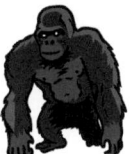

gorila

Goryl

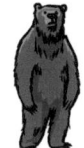

oso

Niedźwiedź

camello

Wielbłąd

avestruz

Struś

león

Lew

mono

Małpa

flamenco

Fleming

loro

Papuga

oso polar

Niedźwiedź polarny

pingüino

Pingwin

tiburón

Rekin

pavo real

Paw

serpiente

Wąż

cocodrilo

Krokodyl

cuidador del zoológico

Dozorca w zoo

foca

Foka

jaguar

Jaguar

poni
Kucyk

leopardo
Gepard

hipopótamo
Hipopotam

jirafa
Żyrafa

águila
Orzeł

jabalí
Dzik

pescado
Ryba

tortuga
Żółw

morsa
Mors

zorro
Lis

gacela
Gazela

fútbol americano
Futbol amerykański

ciclismo
Kolarstwo

tenis
Tenis

básquet
Koszykówka

natación
Pływanie

boxeo
Boks

hockey sobre hielo
Hokej na lodzie

fútbol
Piłka nożna

bádminton
Badminton

atletismo
Lekka atletyka

handball
Piłka ręczna

esquí
Narciarstwo

polo
Polo

actividades
Działania

reír
śmiać się
saltar
skakać
abrazar
objąć
caminar
iść
cantar
śpiewać
soñar
marzyć
rezar
modlić się
besar
całować

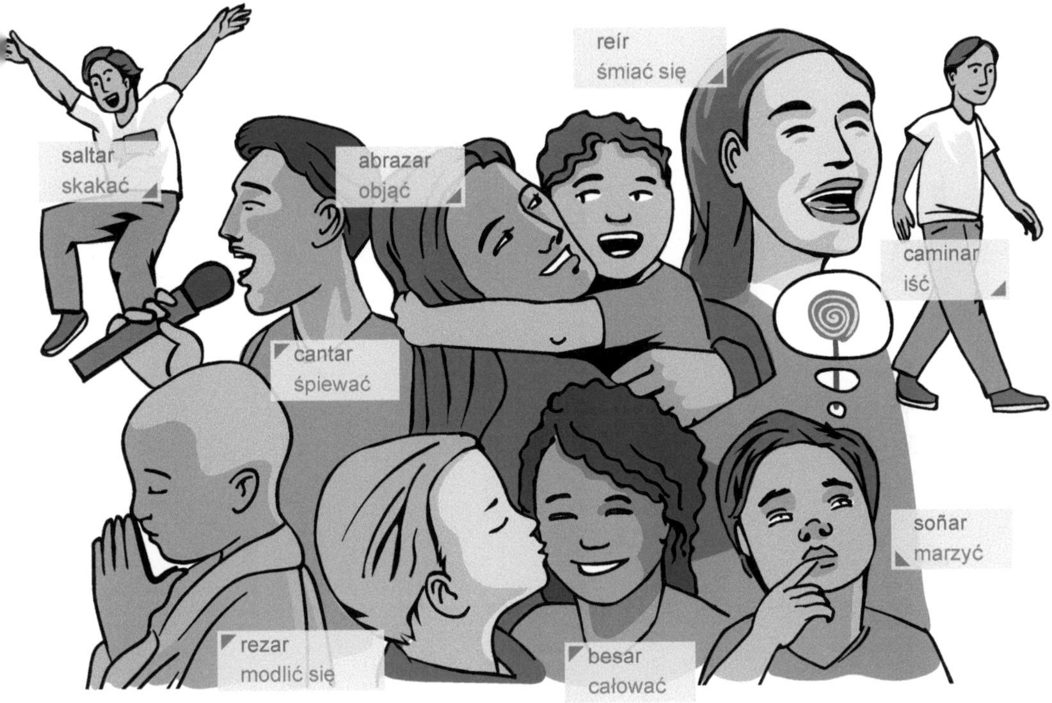

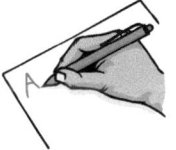

escribir

pisać

dibujar

rysować

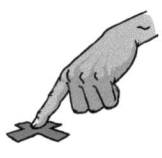

mostrar

pokazywać

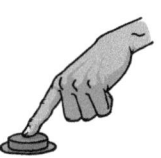

presionar

nacisnąć

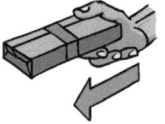

dar

dać

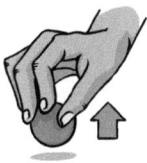

tomar

wziąć

tener
mieć

hacer
robić

ser
być

estar parado
stać

correr
biegać

tirar
ciągnąć

tirar
rzucać

caer
spaść

estar acostado
leżeć

esperar
czekać

llevar
nosić

estar sentado
siedzieć

vestirse
zakładać

dormir
spać

despertar
budzić się

mirar

spojrzeć

llorar

płakać

acariciar

głaskać

peinar

czesać się

hablar

mówić

entender

rozumieć

preguntar

pytać

escuchar

słyszeć

beber

pić

comer

jeść

ordenar

sprzątać

amar

kochać

cocinar

gotować

manejar

jechać

volar

latać

navegar

żeglować

calcular

liczyć

leer

czytać

aprender

uczyć się

trabajar

pracować

casarse

wejść w związek małżeński

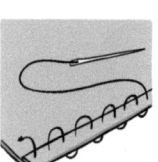

coser

szyć

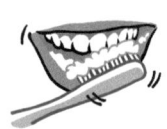

cepillarse los dientes

myć zęby

matar

zabić

fumar

palić tytoń

enviar

wysłać

abuela
Babcia

abuelo
Dziadek

padre
Ojciec

madre
Matka

bebé
Niemowlę

hija
Córka

hijo
Syn

invitado

Gość

tía

Ciotka

tío

Wujek

hermano

Brat

hermana

Siostra

cuerpo
Ciało

frente
Czoło
ojo
Oko
hombro
Ramię
dedo
Palec
cara
Twarz
pera
Broda
mano
Ręka
pierna
Noga
pecho
Pierś
brazo
Ramię

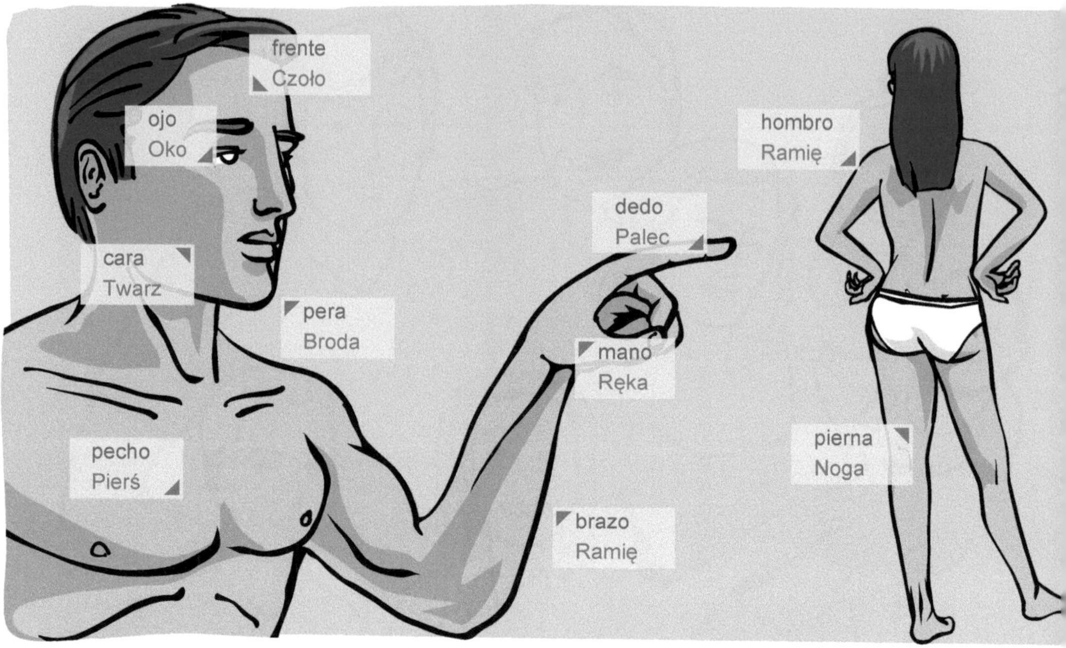

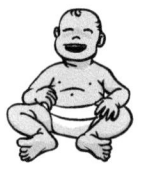

bebé
Niemowlę

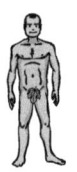

hombre
Mężczyzna

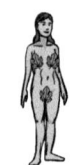

mujer
Kobieta

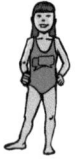

nena
Dziewczyna

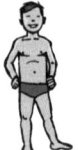

nene
Chłopiec

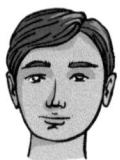

cabeza
Głowa

espalda

Plecy

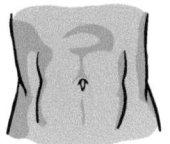

panza

Brzuch

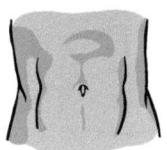

ombligo

Pępek

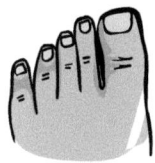

dedo del pie

palec nogi

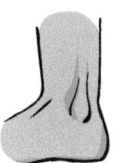

talón

Pięta

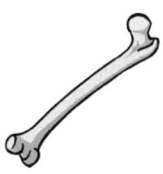

hueso

Kość

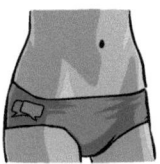

cadera

Biodro

rodilla

Kolano

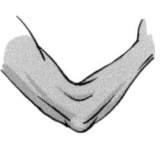

codo

Łokieć

nariz

Nos

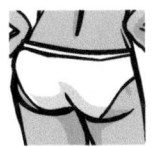

cola

Pośladki

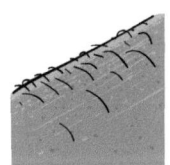

piel

Skóra

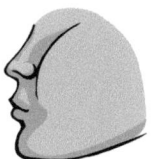

cachete

Policzek

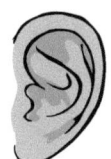

oreja

Uszy

labio

Warga

boca

Usta

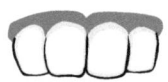

diente

Ząb

lengua

Język

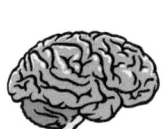

cerebro

Mózg

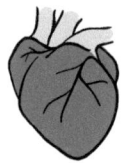

corazón

Serce

músculo

Mięsień

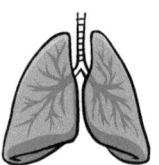

pulmón

Płuca

hígado

Wątroba

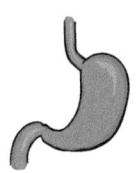

estómago

Żołądek

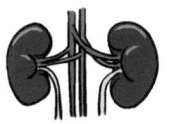

riñones

Nerki

sexo

Stosunek płciowy

preservativo

Kondom

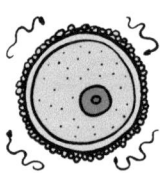

óvulo

Komórka jajowa

semen

Sperma

embarazo

Ciąża

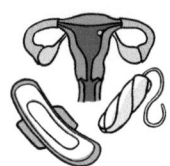

menstruación

Menstruacja

vagina

Wagina

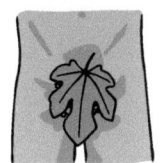

pene

Penis

ceja

Brew

pelo

Włosy

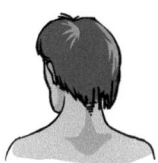

cuello

Szyja

hospital
Szpital

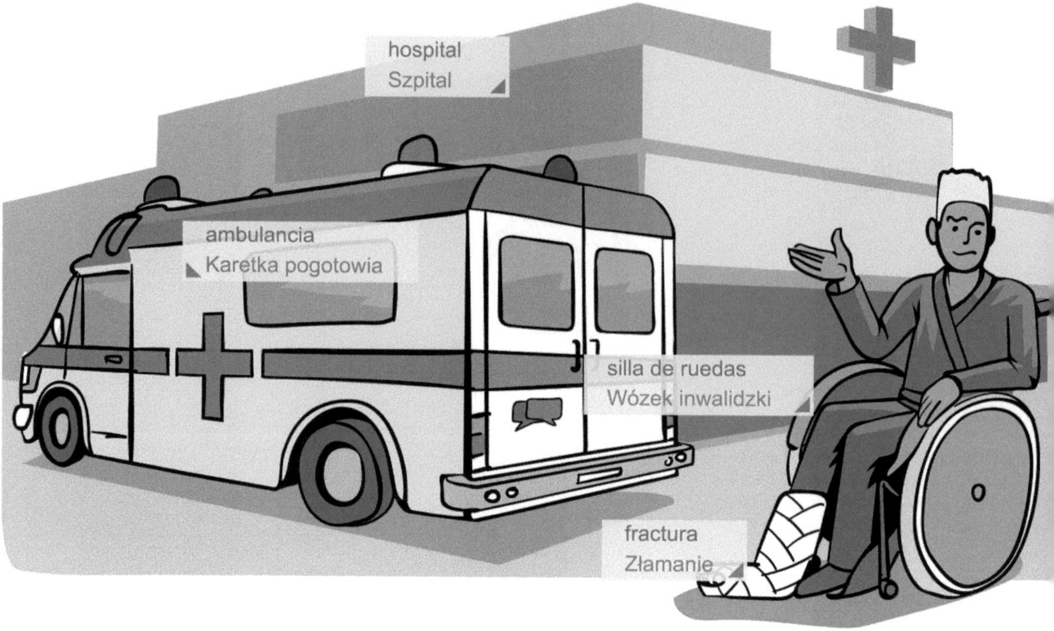

hospital
Szpital
ambulancia
Karetka pogotowia
silla de ruedas
Wózek inwalidzki
fractura
Złamanie

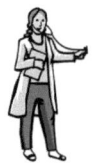

médico

Lekarz

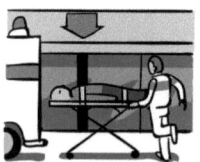

sala de guardia

Izba przyjęć

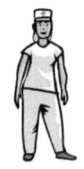

enfermera

Pielęgniarka

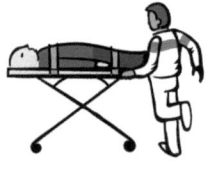

emergencia

Nagły przypadek

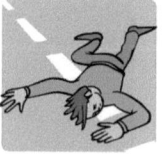

inconsciente

nieprzytomny

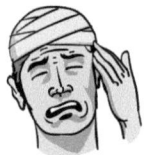

dolor

Ból

lesión

Skaleczenie

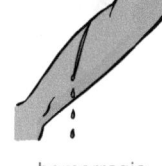

hemorragia

Krwawienie

infarto

Zawał serca

ACV

Udar mózgu

alergia

Alergia

tos

Kaszleć

fiebre

Gorączka

gripe

Grypa

diarrea

Biegunka

dolor de cabeza

Ból głowy

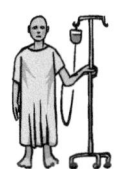

cáncer

Rak

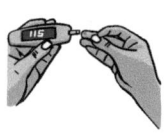

diabetes

Cukrzyca

cirujano

Chirurg

bisturí

Skalpel

operación

Operacja

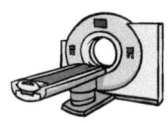

TC
CT

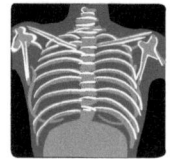

rayos x
Rentgen

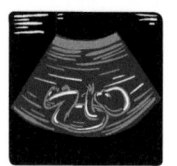

ecografía
Ultradźwięki

barbijo
Maska

enfermedad
Choroba

sala de espera
Poczekalnia

muleta
Kula

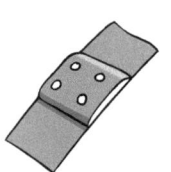

curita
Plaster

venda
Opatrunek

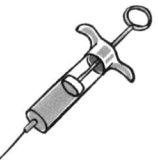

inyección
Iniekcja

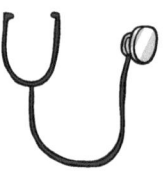

estetoscopio
Stetoskop

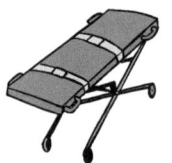

camilla
Nosze

termómetro
Termometr

nacimiento
Poród

sobrepeso
Nadwaga

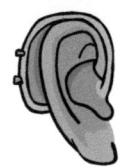

audífono

Aparat słuchowy

desinfectante

Środek dezynfekcyjny

infección

Infekcja

virus

Wirus

VIH / SIDA

HIV / AIDS

remedio

Medycyna

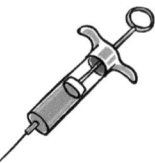

vacunación

Szczepienie

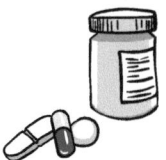

comprimidos

Tabletki

pastilla anticonceptiva

Pigułka

llamada de emergencia

Telefon ratunkowy

tensiómetro

Ciśnieniomierz krwi

enfermo / sano

chory / zdrowy

¡Ayuda!
Pomocy!

alarma
Alarm

agresión
Napad

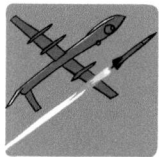

ataque
Atak

peligro
Niebezpieczeństwo

salida de emergencia
Wyjście awaryjne

¡Fuego!
Pożar!

matafuego
Gaśnica

accidente
Wypadek

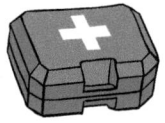

botiquín de primeros
auxilios
Walizeczka pierwszej
pomocy

SOS
SOS

policía
Policja

Europa

Europa

América del Norte

Ameryka Północna

América del Sur

Ameryka Południowa

África

Afryka

Asia

Azja

Australia

Australia

Atlántico

Atlantyk

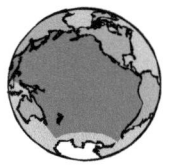

Pacífico

Pacyfik

Océano Índico

Ocean Indyjski

Océano Antártico

Ocean Antarktyczny

Océano Ártico

Ocean Arktyczny

polo norte

Biegun północny

polo sur

Biegun południowy

Antártida

Antarktyda

Tierra

Ziemia

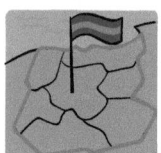

tierra

Kraj

mar

Morze

isla

Wyspa

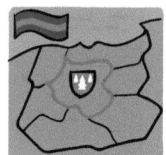

nación

Naród

estado

Państwo

esfera

Cyferblat

manecilla de las horas

Wskazówka godzinowa

minutero

Wskazówka minutowa

segundero

Wskazówka sekundowa

¿Qué hora es?

Która godzina?

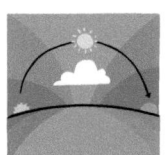

día

Dzień

hora

Czas

ahora

teraz

reloj digital

Zegarek digitalny

minuto

Minuta

hora

Godzina

semana
Tydzień

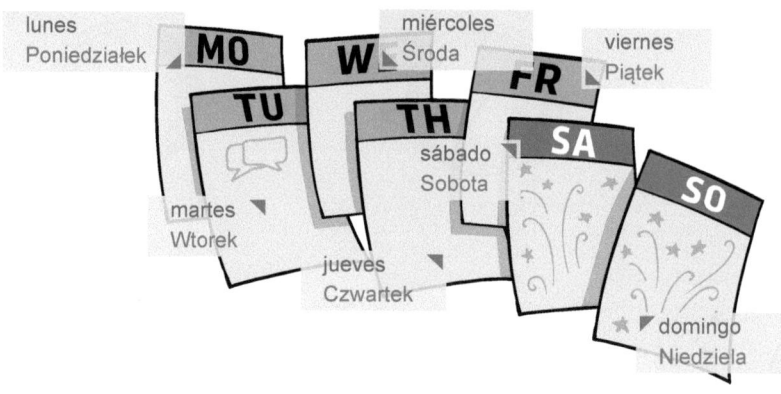

lunes
Poniedziałek

martes
Wtorek

miércoles
Środa

jueves
Czwartek

viernes
Piątek

sábado
Sobota

domingo
Niedziela

ayer
....
wczoraj

hoy
....
dzisiaj

mañana
....
jutro

mañana
....
Rano

mediodía
....
Południe

tarde
....
Wieczór

MO	TU	WE	TH	FR	SA	SU
1	2	3	4	5	6	7
8	9	10	11	12	13	14
15	16	17	18	19	20	21
22	23	24	25	26	27	28
29	30	31	1	3	3	4

días hábiles
....
Dni robocze

MO	TU	WE	TH	FR	SA	SU
1	2	3	4	5	6	7
8	9	10	11	12	13	14
15	16	17	18	19	20	21
22	23	24	25	26	27	28
29	30	31	1	2	3	4

fin de semana
....
Weekend

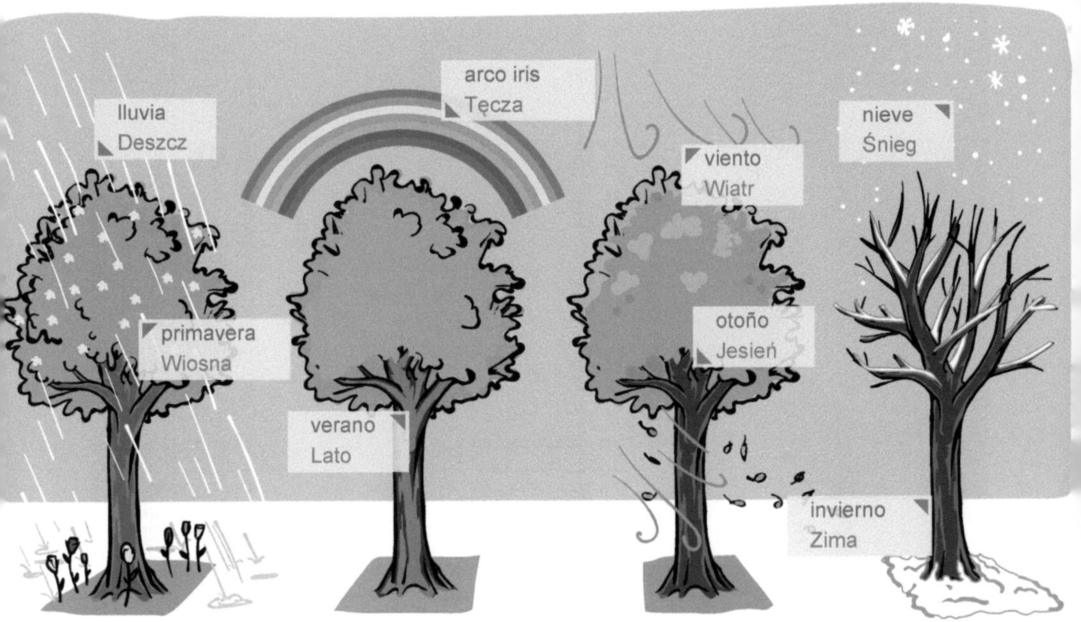
lluvia
Deszcz
arco iris
Tęcza
viento
Wiatr
nieve
Śnieg
primavera
Wiosna
verano
Lato
otoño
Jesień
invierno
Zima

4.APRIL 11°
5.APRIL 4°
6.APRIL 13°
7.APRIL 8°
8.APRIL 10°

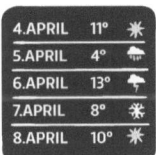

pronóstico meteorológico

Prognoza pogody

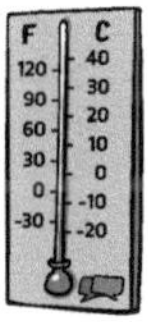
F
C
120
90
60
30
0
-30
40
30
20
10
0
-10
-20

termómetro

Termometr

luz del sol

Światło słoneczne

nube

Chmura

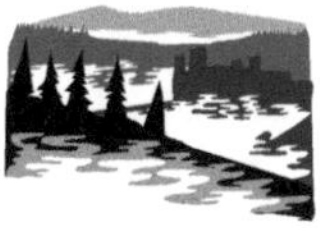

niebla

Mgła

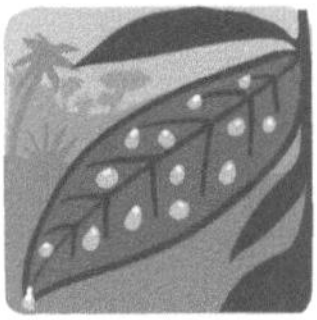

humedad

Wilgotność powietrza

rayo

Błyskawica

trueno

Grzmot

tormenta

Sztorm

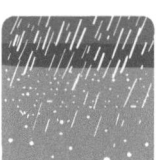

granizo

Grad

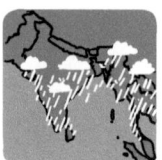

monzón

Monsun

inundación

Potop

hielo

Lód

enero

Styczeń

febrero

Luty

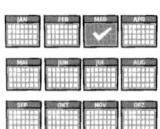

marzo

Marzec

abril

Kwiecień

mayo

Maj

junio

Czerwiec

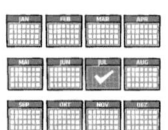

julio

Lipiec

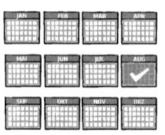

agosto

Sierpień

año - Rok

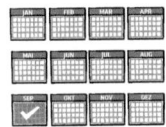

septiembre
....
Wrzesień

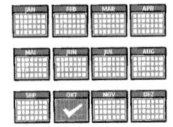

octubre
....
Październik

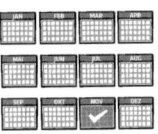

noviembre
....
Listopad

diciembre
....
Grudzień

formas

Kształty

círculo
....
Koło

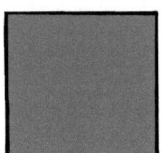

cuadrado
....
Kwadrat

rectángulo
....
Prostokąt

triángulo
....
Trójkąt

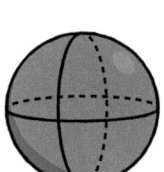

esfera
....
Kula

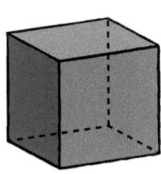

cubo
....
Sześcian

blanco

biały

amarillo

żółty

naranja

pomarańczowy

rosa

różowy

rojo

czerwony

violeta

liliowy

azul

niebieski

verde

zielony

marrón

brązowy

gris

szary

negro

czarny

mucho / poco

dużo / mało

enojado / tranquilo

wściekły / spokojny

lindo / feo

piękny / brzydki

principio / fin

początek / koniec

grande / chico

duży / mały

claro / oscuro

jasny / ciemny

hermano / hermana

brat / siostra

limpio / sucio

czysty / brudny

completo / incompleto

kompletny / niekompletny

día / noche

dzień / noc

muerto / vivo

umarły / żywy

ancho / angosto

szeroki / wąski

comestible / no comestible

jadalny / niejadalny

malo / amable

zły / uprzejmy

entusiasmado / aburrido

podniecony / znudzony

gordo / flaco

gruby / chudy

primero / último

najpierw / na końcu

amigo / enemigo

przyjaciel / wróg

lleno / vacío

pełen / pusty

duro / blando

twardy / miękki

pesado / liviano

ciężki / lekki

hambre / sed

głód / pragnienie

enfermo / sano

chory / zdrowy

ilegal / legal

nielegalny / legalny

inteligente / estúpido

inteligentny / głupi

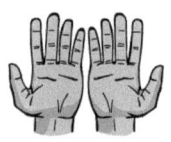

izquierda / derecha

lewo / prawo

cerca / lejos

bliski / daleki

nuevo / usado

nowy / używany

nada / algo

nic / coś

viejo / joven

stary / młody

encendido / apagado

włącz / wyłącz

abierto / cerrado

otwarty / zamknięty

silencioso / ruidoso

cichy / głośny

rico / pobre

bogaty / biedny

correcto / incorrecto

prawidłowy / błędny

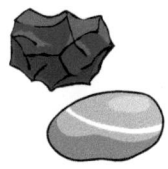

áspero / suave

chropowaty / gładki

triste / contento

smutny / szczęśliwy

corto / largo

krótki / długi

lento / rápido

powolny / szybki

mojado / seco

mokry/suchy

caliente / frío

ciepły / chłodny

guerra / paz

wojna / pokój

0

cero

zero

1

uno

jeden

2

dos

dwa

3

tres

trzy

4

cuatro

cztery

5

cinco

pięć

6

seis

sześć

7

siete

siedem

8

ocho

osiem

9

nueve

dziewięć

10

diez

dziesięć

11

once

jedenaście

12

doce

dwanaście

13

trece

trzynaście

14

catorce

czternaście

15

quince

piętnaście

16

dieciséis

szesnaście

17

diecisiete

siedemnaście

18

dieciocho

osiemnaście

19

diecinueve

dziewiętnaście

20

veinte

dwadzieścia

100

cien

sto

1.000

mil

tysiąc

1.000.000

millón

milion

Języki

inglés
....
Angielski

inglés americano
....
Angielski amerykański

chino mandarín
....
Chiński mandaryński

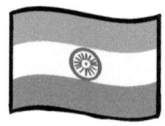

hindi
....
Hindi

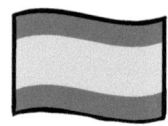

español
....
Hiszpański

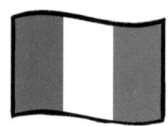

francés
....
Francuski

árabe
....
Arabski

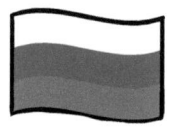

ruso
....
Rosyjski

portugués
....
Portugalski

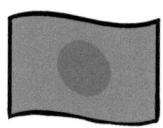

bengalí
....
Bengalski

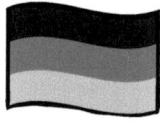

alemán
....
Niemiecki

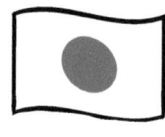

japonés
....
Japoński

yo

ja

vos

ty

él / ella

on / ona / ono

nosotros

my

ustedes

wy

ellos

oni

¿quién?

kto?

¿qué?

co?

¿cómo?

jak?

¿dónde?

gdzie?

¿cuándo?

kiedy?

nombre

Nazwisko

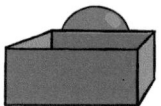

detrás

za

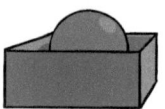

en

w

adelante de

przed

por encima de

powyżej

sobre

na

debajo de

pod

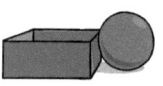

al lado de

obok

entre

między

lugar

Miejsce